BEYOND THE BOUNDARIES

ЗА ПРЕДЕЛАМИ

BEYOND THE BOUNDARIES

EUGENE DUBNOV

TRANSLATED FROM THE RUSSIAN BY
ANNE STEVENSON
WITH THE AUTHOR

ЕВГЕНИЙ ДУБНОВ

ЗА ПРЕДЕЛАМИ

All rights reserved. No part of this work covered by the copyright herein may be reproduced or used in any means – graphic, electronic, or mechanical, including copying, recording, taping, or information storage and retrieval systems – without written permission of the publisher.

Printed by imprintdigital
Upton Pyne, Exeter
www.digital.imprint.co.uk

Typesetting and cover design by narrator
www.narrator.me.uk
info@narrator.me.uk
033 022 300 39

Published by Shoestring Press
19 Devonshire Avenue, Beeston, Nottingham, NG9 1BS
(0115) 925 1827
www.shoestringpress.co.uk

First published 2017
© Copyright: Eugene Dubnov
© Cover image:
Painting with Green Center (1913) by Wassily Kandinsky

The moral right of the author has been asserted.

ISBN 978-1-910323-92-2

ACKNOWLEDGEMENTS

Grateful acknowledgement is extended to the following publications in which some of these translations have originally appeared (sometimes in a different version):

Ambit, Arizona Quarterly, Belfast Review, Beloit Poetry Review, Canadian Literature, Cape Rock, Cencrastus, Chapman, Chiron Review, Confrontation, Country Life, Dalhousie Review, Grain, The Green Book, Jewish Quarterly, Literary Review (UK), *Literary Review* (USA), *Modern Poetry in Translation, New Quarterly, North American Review, Northwest Review, Paris/Atlantic, Phoenix Review, Prospice, Salmon, Southern Humanities Review, Southern Review* (Australia), *Stand Magazine, The Threepenny Review, Times Literary Supplement, Waves, Webster Review; Wisconsin Review, Yearbooks of American Poetry* (Beverly Hills, CA, 1985 and 1986/87), *Poetry New Zealand Yearbook* (Auckland, 2014), as well as in the author's autobiography Eugene Dubnov, *Never out of Reach* (Clemson and Liverpool University Presses, 2015).

The originals in this volume have appeared in the author's two collections in Russian "Рыжие монеты" (*Russet Coins*), Goldfinch Press, London, 1978, and "Небом и землею" (*By Sky and Earth*), Amber Press, London, 1984, as well as in the following publications:

The Coast, Kontinent, The New Review, The New Russian Word, La Pensée Russe, Strelets.

Translated from the Russian by Anne Stevenson
and the author

CONTENTS

	Introduction	1
I		7
	Estonian Song	8
	Four Wishes	10
	Standing Alone	12
	On This Warm Summer Day	14
	Volokolamsk	16
	The Reflections	18
	Farewell to Homeland. A Polonaise	20
II		23
	Fantasy-impromptu	24
	Untitled	26
	Dialogue	28
	Metropolis	30
	Quick! Run! – I Shout at Your Back	32
	You'll never meet me	34
	At the Bus Station. Tel-aviv, 1973	38
	Where the Earth Is Opaque	40
	A Flute Is Flying	42
	Warming Your Hands	46
	How the Grass Bends down	48

СОДЕРЖАНИЕ

	Introduction	1
I		7
	Эстонская песня	9
	Четыре желания	11
	У реки, один	13
	В этот теплый летний день	15
	Волоколамск	17
	Отражения	19
	Полонез	21
II		23
	Фантазия-экспромт	25
	И каждой ночью видит он…	27
	Диалог	29
	Метрополь	31
	Торопись! – Я кричу тебе вслед…	33
	Ты не встретишь меня	36
	На автобусной станции	39
	Где земля темна	41
	Флейта летит…	44
	Грея руки…	47
	Как пригнулась трава…	49

Outside My New Window	50
Outside yet Another Window	52
Not the Snow	54
Epping Forest	56
Canadian Lines	60
On the Way	64
Mongewell, Oxfordshire	66
Welwyn Gardens	70
With My Back to Emptiness	72
The Summing up	74
Late Autumn	76
Footnotes from a Life	78
Indefinite Earth (2002–2012)	88
III	97
Translating into Life and Death	98
The Cradle	100
Beyond the Boundaries	102

За окном моим новым…	51
За еще одним в жизни окном…	53
И не снег…	55
Эппингский лес	58
Канадские строки	62
На пути	65
Монжуэлл, Оксфордшир	68
Уэлинские Сады	71
Спиною к пустоте	73
Итог	75
Поздняя осень	77
Примечания из жизни	83
Неопределенная земля	92

III 97

Переводя на жизнь и смерть	99
Колыбель	101
За пределами	112

INTRODUCTION

Eugene Dubnov is at home in three or four countries and is fluent in all their languages. Yet, since the language of his poetry is Russian, and since he is a fastidious craftsman believing with Robert Frost that "poetry is what is left out in translation", he has always worked in tandem with English-speaking poets to make successful self-standing poems in English which would yet be faithful to his Russian originals. Since the 1980s Dubnov has collaborated with John Heath Stubbs, Peter Porter, Carol Rumens and myself in England, as with a number of well-known poets in the United States, publishing enough of his work in British and American magazines to make his name known among poetry readers in both countries. It was not until 2013, however, that Shoestring Press in England brought out a book-length collection of thirty-seven Dubnov poems with facing Russian and English texts. The English poems collected in *The Thousand Year Minutes* were hammered out between Eugene and myself over ten years and more of working with his English cribs (like Heath-Stubbs and Porter, I barely know the Russian alphabet), punctuated not infrequently by fierce arguments over wordshades and sound patterns. For this first book, we chose poems that were personally revealing without being confessional, arranging them so as to follow the trajectory of their author's experience as a son, student, lover and dissident in the Soviet Union, followed by exile in Israel and two decades of residence in England. The story told is of a divided life: on the one hand, loss of identity and a passionate pursuit of renewed belonging abetted by a nervous breakdown and a decade-long alcohol addiction; on the other, memory, imagination and the lasting powers of nature and of poetry to heal, revive and even transcend a battered and fractured personality.

As my introduction to our previous collection suggested, the continuing vitality of the collaboration between Eugene Dubnov and myself has chiefly been due to our similar yet contrasting mental landscapes. In England we are both, though for different reasons, exiles from the countries of our youth, but I believe the stimulus we find working together renews itself from what could be called a shared philosophical or, in 17th century parlance, metaphysical cast of mind. *Beyond the Boundaries* for the most part rehearses the autobiographical material of *The Thousand Year Minutes*, but it adheres more closely to Dubnov's artistic allegiances and tells a more complete, less traumatised story. Born in 1949 in Tallinn, Estonia, of Jewish parents, and brought up there and in Latvia's Riga, in 1967, already a young poet of promise, he was admitted as a student of psychology to Moscow University where, in post-Stalinist Russia, he was under pressure to conform to Communist ideology. While he responded rebelliously to reiterated Soviet propaganda, from an early age he had been entranced by Russia's literature, history and folk traditions. He talks today of inheriting two complimentary personalities: the first, from his Baltic childhood, lyrical and acutely responsive to nature; the second from his Russian education, which provided him with enough determination and strength to survive the penalties of political dissidence, exile, loss of friends, family and, at times, almost every shred of personal certainty. A number of poems in *The Thousand Year Minutes* recount a journey through an inferno. *Beyond the Boundaries*, in contrast, keeps its titular promise to take its author beyond the limits of suffering into the kind of spiritual salvation described in the final stanzas of 'With My Back to Emptiness' (p. 72)

...my senses awoke, fresher air

rose from the river; a tear
swelled on my lashes; the dream
was over, and someone was saying,
I am your unseen guardian, with you still.

On the whole the poems of *Beyond the Boundaries* are arranged chronologically, although seven introductory poems spotlight different periods of Dubnov's life to provide an overview of themes. These include a recently composed tribute to the Estonia of his childhood; the very personal 'Standing Alone' (p. 12) which recalls being summoned as a poet to poetry; a love poem, 'The Reflections' (p. 18), set in a white Moscow winter, and the beautiful lyric, 'Volokolamsk' (p. 16), with its conspicuous sound-play, named for a town on the river Lama famous for a battle in 1941 which saved Moscow from the Germans. (Volokolamsk means hauling [boats] along the Lama; the poem anticipates the poet's debt to Osip Mandelstam, although it was written at the age of eighteen before Dubnov knew of Mandelstam – or for that matter of Khlebnikov, a fruitful later discovery which once again set him to experimenting with sound, still a signature element in Dubnov's Russian poems.)

The twenty-four poems of the book's central section are arranged by date from 1967 and follow the poet's traumatic trajectory of departures and resettlements from the days of his music-loving childhood through the political nightmare which drove him to escape Soviet persecution and accompany his mother, who was a fiercely committed religious believer, to Israel in 1971. (His atheist father who worked as a journalist and to whom Eugene was greatly attached, despite the former's loyalty to the State, remained behind in Riga; he was to be reunited with his son some twenty years later following the collapse of the Soviet Union.) The poems dating from the early 1970s record memories of his years there as a student at a religious university and his growing determination to free himself from any kind of thought-control, political or religious. So it happens that the broken love affair in 'Dialogue' (p. 28), the girl's fencing match that inspired 'You'll Never Meet Me' (p. 34) (with its debt to Yeats's mythological 'Leda and the Swan'); the realism and sympathy of 'At the Bus Station, Tel-Aviv' (p. 38) all tell a story of defiant exile more than of renewed hope. Then in 1975, after taking his university degree, Dubnov received a scholarship (unfortunately only partial, the fact which would tell dramatically not only on the future of his doctorate but on all his future in the UK) to the University of London's Queen Mary College to write a doctoral dissertation on the poetry of Osip Mandelstam and T.S Eliot. It was in England that he began to experience most vibrantly the elan of a *vita nuova*. The faculty of both the English and Russian departments of his college was appreciative and encouraging; the School of Russian and East European Studies, welcoming and supportive. Owing to the hospitality of the Poetry Society, then thriving in London's Earl's Court Square, he found the creative friends and translators that vitally transformed his life. In quick succession he was invited to give readings at Poetry Olympics (London, 1981) and Pushkin House (London, 1982), as well as talks on Russian poetry for the BBC Radio 3 (1982) and on T.S. Eliot and O. Mandelstam for the BBC World Service (1982, 1983). Further recognition came from outside London after Dubnov's poetry reading at the Festival of New Music in Salzburg in 1983 – highly acclaimed in the *Frankfurter Allgemeine Zeitung* and broadcast on the German radio.

Yet for all this, it was unquestionably England itself that he found most inspiring. The spiritual fulfilment for which he'd been searching in the ferment of political dissent in the Soviet Union in the late 1960s and in the intensities of religious faith in Israel in the early 1970s he was now discovering more and more in the city and in the unassuming beauty of the English countryside. Many of his English poems dating from the 1980s,

"are, in essence", he writes, "nature poems." He goes on,

England's greatest gift to me, apart from the language, has been her landscapes and seasons, almost identical to those I grew up with in the Baltic republics and in most ways similar to Moscow and environs… I didn't respond to nature in Israel, which, with all its own beauty and grandeur, is too different from the world of my childhood and youth. I found the English landscape always reassuring and, amidst my turbulent periods, soothing and healing. England's greatest gift to me, apart from the language, has been her landscapes and seasons, almost identical to those I grew up with in the Baltic republics and in most ways similar to Moscow and environs… I didn't respond to nature in Israel, which, with all its own beauty and grandeur, is too different from the world of my childhood and youth. I found the English landscape always reassuring and, amidst my turbulent periods, soothing and healing.

Poems like 'Mongwell, Oxfordshire' (p. 66) and 'Welwyn Gardens' (p. 70) written in a quiet register that allows for touches of English humour, confirm this. In a different key, 'Outside My New Window' (p. 50), 'Outside Yet Another Window' (p. 52) and 'Not the Snow' (p. 54) composed while on a temporary residential job in Reading's Caversham Park, represent a splash of nostalgia, recalling the exhilarations of former Baltic and Moscow winters without giving way to self-pity or nostalgia. The final poems of the book, however, move into a heightened key– Baltic more than Russian– with which contemporary English poetry finds it almost impossible to find parallels. Epithets such as 'spiritual', 'religious', 'metaphysical', 'elegiac', even 'Romantic' don't really fit poems that concern themselves with ultimate beginnings and ends yet at the same time dwell on the language we employ in our repeated attempts to express whatever lies beyond the world of our human experience. Even titles such as 'Translating into Life and Death' (p. 98) and 'Beyond the Boundaries' (p. 102) are difficult to recast in English today. The moving and personal 'Indefinite Earth' (p. 88) was written in memory of Dubnov's parents in the Baltic setting of his childhood – and thus also commemorates the forests and seacoasts, which he imagines as 'The Cradle' (p. 100) of his own life. But to transfer undisguised references to time and space, life and death, earth and an imagined beyond into English poems has been a challenge that could only be met by faithfulness to the original Russian. There could be no hiding behind irony, contemporary fashion or an Eliotesque patchwork of literary quotations. To religious believers, to artists or merely to sensitive readers with a profound feeling for nature, these daring poems of faith will confirm Eugene Dubnov's importance as a poet in the exalted tradition of Dante, Blake, George Herbert, Father Hopkins and W.B Yeats. In his chosen language, he pays homage to the poetry of Blok, Pasternak and (principally) Mandelstam. Finally, however, the poems speak of an enduring faith in poetry itself, and what they say in this respect is not a matter of belief so much as a humane and courageous artist's record of what D.H. Lawrence called 'coming through'.

Anne Stevenson
July, August 2016

I

ESTONIAN SONG

I was swaddled at birth in double Estonian vowels,
lullabied by the sea. In my dreams there were
islands and straits, and the winds, each in its season,
gave me directions for thought. The words

I uttered were Russian but I wrenched their sound
far away from the Russian language: *eesti maa!* I cried,
careering a Finnish sleigh about the evening city.
As a child, my best girl was the Baltic winter.

Everything I remember from childhood is elementary:
Sky, sea, earth, parks, streets, two languages;
And, ever grateful for that to someone or something,
I sense at my temples at times that chill of spring.

                                            2015

Eesti maa (Estonian) Estonian land. (Author's note)

ЭСТОНСКАЯ ПЕСНЯ

Я родился, спеленат двойными эстонскими гласными.
Убаюканный морем, я видел во сне острова
И проливы, я думать учился согласно
Направлению ветра во времени года. Слова

Выговаривал русские я, но в контексте звучаний
Слов, совсем непохожих на русский язык: eesti maa.
Я гонял по вечернему городу финские сани;
Моей детской подругой была прибалтийка-зима.

Все что я помню с детства предельно элементарно:
Небо, море, земля, парки, улицы, два языка
И кому-то – чему-то – за это всегда благодарный,
Я весны холодок ощущаю порой у виска.

Eesti maa (эст.) Эстонская земля. (Прим. автора)

FOUR WISHES

That a minuscule brook
Becomes a broad stream,
That cold shadows on the hills
Protect tender grass from the sun,
That the wind hollowing out the dunes
Sound like the resonance of vowels,
That a bone under the earth
Becomes a sprouting seed.

                                        1980
                                      London

ЧЕТЫРЕ ЖЕЛАНИЯ

Чтобы мелкий ручей
Стал широким потоком,
Чтоб холодные тени на склоне
Защитили от солнца растущие травы,
Чтобы впадины в дюнах,
Что вырыты ветром,
Превратились в звучание длительных гласных,
Чтобы кость под землей
Стала осью зерна.

                              1980
                              Лондон

STANDING ALONE

Standing alone by a river
You'll remember how once
On the bank of another,
Tormented by thirst

For words, you watched a chain
Of luminous tufts,
As if upon the ice
You'd seen a dream with open eyes.

Around you the watery brocade
Was dancing with blinding
Spangles – sunbeams in projection
Upon a glass-flat surface.

Ships in the distance
Sailed towards a wide blue sea
While the rim of the earth
Ceaselessly shifted…

Having measured the way,
Both time and space
Set your feet upon
A course of wandering,

So you should sicken
And be cured through pain,
So that, with neither epaulettes
Nor fear, you con your part,

So you should here –
On every side engulfed –
Create your verses,
Your places, your dizzying dates.

September 1985
Henley-on-Thames

У РЕКИ, ОДИН

Встав у реки,
Ты вспомнишь, как однажды
У вод других,
Высокой мучим жаждой

Слов, на гряду
Смотрел белесых клочьев,
Как бы на льду
Увидев сон воочию.

Кругом парча
Реки в слепящих блестках
Была — лучах
В проекции на плоскость.

Суда вдали
Шли к морю-океану
И край земли
Менялся непрестанно…

Размерив путь,
И время, и пространство
Твою стопу
Послали в русло странствий,

Чтоб заболел
И вылечился болью,
Без эполет
И страха сжился с ролью,

Чтоб жизнью весь
Со всех сторон объятый,
Ты создал здесь
Стихи, места и даты.

ON THIS WARM SUMMER DAY

On this warm summer day
The wind and the leaves change signs,

And the waves whisper sweet-talk
To the sand beyond our gaze,

And the hard, Gaelic sounds
Are just notes on a stave of words.

Soon, we'll be walking over grass
To our childhoods behind the sea.

And there we'll find astonishing
Answers to our questions

As we pass our hands gently
Over pine bark that's still warm.

В ЭТОТ ТЕПЛЫЙ ЛЕТНИЙ ДЕНЬ

В этот теплый летний день
Ветер шепчется с листвой

И к песку за далью глаз
Вольно ластится волна

И гаэльский твердый звук —
Будто нота в стане слов.

Мы все вместе по траве
К детству за морем пойдем,

И отыщем на вопрос
Удивительный ответ,

И рукою проведем
По нагревшейся коре.

Июль 1981
Лондон

VOLOKOLAMSK

Wring your hands till your arms are a river's
windings; a willow, laughing, calls me
to where the cranes fly over the Lama
flooding, epithalamial as young love.

Their luminous path is Alhambra, halberds,
Calabria, sculptured in those
huge alabaster clouds that back up
into a downpour, like unconscious laughter.

ВОЛОКОЛАМСК

Ты руки на излучины заламывай.
Меня зовет смеющаяся ива
Туда, где журавли летят над Ламою,
Эпиталамною, влюбленною, в разливе.

Их светлый путь – Альгамбра, алебарды,
Калабрия, лепленая, с ее
Большими облаками алебастра,
Обратно – в ливень, в смех, в забытие.

1969

THE REFLECTIONS

These brief and endless nights
are strangely intertwined;
they are like two reflections
in the mirror of a life.

Only one mistrustful glance from you
startles me with whiteness;
nothing but white flakes of snow
swirling above the white earth.

As if a soul of this colour
were sinless as a shroud;
that's why you look so beautiful
when you wear white.

How many years since midnight –
how could I ever say?
Only, I fear once again this colour
will divide us. That's why

it's right that I leave
before daylight defines us.
The sharp snow is raging in the heavens
as I go. Deathly-white.

1969
Moscow

ОТРАЖЕНИЯ

Этих бесчисленных дней и ночей
Странны сплетенья,
Странны мне в зеркале жизни твоей
Два отраженья.

Только пугает своей белизной
Взгляд исподлобья,
Только кружатся над белой землей
Белые хлопья.

Будто безгрешна, как саван, душа
Этого цвета.
Не потому ли ты так хороша,
Белым одета?

Сколько прошло после полночи лет,
Как я узнаю?
Только, боюсь я, опять этот цвет
Мне помешает.

Лучше уйду я в предутреннем сне.
Нечего делать:
Мечется в небе пронзительный снег –
Мертвенно-белый.

FAREWELL TO HOMELAND. A POLONAISE

The late light is going out and going out.
The horses gallop, the air is full of dust.
Everyone knows you never can return
To where your father's house once stood.

Why then is sadness luminous as snow
When it's life's own track the horses speed along?
The distant house has already burnt down.
Those ever-haunting lips are silent now…

How suddenly, on a rough-weather night,
Sitting at a window, you'll hear
This clamouring wind and dry crackle of rain
When the voice of a dream
Will have broken into your mind.

                    1983
                    London

The title comes from the much beloved in the Soviet Union "Polonaise" by the Polish composer Michał Kazimierz Ogiński (1730–1800) who wrote it on his way into exile. In the poem I aimed to convey the music's movement (in my Russian original) and some of the imagery of the event. (Author's Note)

ПОЛОНЕЗ

Гаснет и гаснет поздний свет,
Несутся кони, пыль стоит столбом,
И возвращенья, знает каждый, нет
Туда, где был когда-то отчий дом.

Что же печаль, как снег, светла,
Когда по шляху жизни кони мчат,
И дальний дом уже сгорел дотла,
И губы вечно сущие молчат…

…Ночью ненастной у окна
Сидящий вдруг услышит ветра шум,
И треск сухой дождя, и голос сна,
Пришедшего тревожить смертный ум.

                       27 Ноября 1983

Михаил Казимир Огинский (1729–1800) написал свой знаменитый полонез «Прощание с родиной /точнее, отчизной — ЕД/» по дороге в изгнание. Мое стихотворение пытается воспроизвести ритм и романтическую меланхолию произведения. (Прим. автора)

II

FANTASY-IMPROMPTU

She runs, helpless and blind.
Trees fly like flocks of birds.
She runs – and now the sky flies
like a tear tearing itself from her lashes.
Stop! Shadows run, picking up the trail.
Stop! Clouds flicker past.
How her heart beats, knees weaken,
blood knocks and tosses through her temples.
Stop! Only one moment! Where are you going?
Only one word… The pedal creaks,
the music arrives like retribution,
the keys tear the grand piano apart.

                              1967

My childhood home in Riga was full of records of classical music, which my father and sisters were always listening to; you could say I was weaned to it. The first poem I decided to preserve was inspired by Annie Fischer (1914–1985), an Hungarian concert pianist, performing Chopin's Fantasy-Impromptu on one of those 78 records. In my personal context, the poem is Baltic rather than Muscovite because of the romantic lyricism of its seventeen-year-old author, although the strong ending, added later that year in Moscow, is indicative of that city's power. (Author's Note)

ФАНТАЗИЯ-ЭКСПРОМТ

Она бежит, беспомощно и слепо.
Летят деревья, словно стаи птиц.
Она бежит – и вот на землю небо
Летит слезой, сорвавшейся с ресниц.

Остановись! – По следу мчатся тени.
Остановись! – Мелькают облака.
Как бьется сердце, как дрожат колени,
Как кровь стучит и мечется в висках.

Остановись! Один лишь миг! Куда ты?
Одно лишь слово… И скрипит педаль,
И музыка приходит, как расплата,
И разрывают клавиши рояль.

UNTITLED

And every night he dreams the self-same dream:
as if the sun's intensity had risen
above the barrack roofs. There in the darkness
through terrible thicknesses of wall he senses
those unmercifully hot solar rays.
He gropes seeking a way out – but the prison
is sealed – he had forgotten that it lacked
a window and a door. The sun is incandescent
over the prison like a branding iron.
He hurls a curse against heaven
to the heavy vaulted roof.
                          But still the same
silence broods over everything; helpless,
sightless and speechless, he hammers his bare fist
against the stony wall –
                              and wakes screaming
his agony in the early morning.
The ceiling so familiar over him
is cool and high, the door is in its place,
so is the bed; to breathe is easy now.
Ridiculous the dream! He waves his hand
and sees it clenched into a bleeding fist.
Drops of blood are on the wall, and at the window
the ball of the great sun is incandescent.

                                         1970
                                     Moscow

***

…И каждой ночью видит он
Один и тот же сон –
Как будто всходит солнца жар
Над сводами казарм.

Он ощущает в темноте
Сквозь толщу страшных стен,
Как беспощадно горячи
Палящие лучи.

И выход ищет он впотьмах –
Но замкнута тюрьма,
Он позабыл, что нету в ней
Ни окон, ни дверей.

Пылает солнце над тюрьмой,
Как жгучее клеймо,
И он в тяжелый низкий свод
Проклятья небу шлет.

Но та же тишина кругом –
И бьет он кулаком,
Беспомощен, незряч и нем,
По каменной стене,

И просыпается, крича
От боли, в ранний час.
Над ним привычный потолок
Прохладен и высок,

И дверь на месте, и кровать,
И так легко дышать,
И вот рукою машет он:
Какой нелепый сон!

Но видит: сжатая в кулак,
В крови его рука,
И капли крови на стене,
И солнца жар в окне.

DIALOGUE

"And the letters? Give back her letters then."
He answered, "I tore them up, I threw them
in the fire, nothing remains. I destroyed them
the way a prisoner destroys his epaulettes.

In the pursuit along all those railed kilometres
the carriages knew no peace.
Her cry tore and the furnaces burned
in the agony of the flaming engine."

"You burned them?" "I tore them and burned them,
but in all the trains and platforms
they kept burning and were never consumed. Look:
the fire has spread to the treetops."

"What was in them?" "Nervousness. Leaves when a ray
of autumn sunset, shooting from the clouds,
strikes them with the randomness of chance.
In them burned the fever of painful days
and a trembling, like wakened piano keys,
and falsehood... The rest you'll find in the ashes."

1971

***

– А письма? Отдай ее письма тогда.
Ответил ему: – Я порвал их, в огонь их
Я бросил, от них не осталось следа,
Я их уничтожил, как пленный – погоны.

В погоне погонными метрами рельс
Покоя не ведать вагонам,
И крик ее рвался и в топках горел
Огнем паровозных агоний.

– Ты сжег их?
     – Порвал их и сжег. Но они
По всем поездам и перронам
Горели и все не сгорали. Взгляни:
Пожар перекинулся в кроны.

– Что было в них?
     – Нервность листвы, когда луч
Заката осеннего, выйдя из туч,
С небрежной случайностью чиркнет по ней,
Была в них горячка болезненных дней,
И тела, как клавиш разбуженных, дрожь,
И ложь…
  Остальное ты в пепле найдешь.

METROPOLIS

Bright and deserted inside the bar opposite;
in it, one or two customers. We're on the road.
Someone's touched an organ some hundred metres away.
Do you hear? Somebody's playing a toccata at this midnight hour.
How high its voice is! Skyscrapers are flattened to a sheet
    beneath it.
How unfettered! Freer than the great flight of the bridges.
We've grabbed hold and taken off. And from its height
you, New York, have suddenly appeared to us–
a shelter for those who drink in the night-time taverns,
a citadel of solitudes, a church organist's refuge.

                            1971
                        New York

МЕТРОПОЛЬ

В этом баре напротив светло и пустынно. Один
Или два посетителя в нем. Мы в пути.
Кто-то тронул орган в сотне метров каких-то от нас.
Слышишь: кто-то играет токкату в полуночный час.
Как высок этот голос! Под ним небоскребы пластом.
Как раскован! Свободней большого полета мостов.
Мы вцепились в него и взлетели; с его высоты
Так, Нью-Йорк, нам внезапно представился ты:
Ты – убежище тех, кто в ночных забегаловках пьют,
Одиночеств оплот, органистов церковных приют.

QUICK! RUN! – I SHOUT AT YOUR BACK

Quick! Run! – I shout at your back.
Here a storm is about to break.
Hurry to keep your eyes dry
in the deluge. Look sharp and run.
As for me, I'm safe – I'm free.
On Moscow's boulevards, rain

is washing our footprints away.

***

Торопись! – я кричу тебе вслед.
                Здесь вот-вот разразится гроза.
Торопись, чтоб не начало вновь
                заволакивать влагой глаза.
Сбереги их от ливней судьбы,
                я-то вышел сухим из воды.
На бульварах Москвы
                дождь слюдой застилает следы…

…Заметает следы,
        замывает следы,
               прячет в воду следы.

                1971
                Париж

YOU'LL NEVER MEET ME

You'll never meet me, never wave to me
through orange groves gleaming in spring rain;
you'll never cling to my flowers
like a bird against water,
you won't meet me on a railway platform weak with desire.
You'll never see me off, never step hurriedly off the train
at that moment of farewell when the conductor detaches himself,
and in the distance the engine, tense, overworked, waits,
sending a heavy shiver along the nerves of the cars.

You'll never in a nightmare see them running after you
down the road and see me standing by the roadside,
not interfering on your behalf, not saving you from your enemies;
in the morning you won't say to me – with no hint of a smile –
    "You, Brutus!"
as though I were responsible for the way I appear in dreams.
You'll never forgive, you'll never punish me,
never ask questions about what sort of spring Russia's having,
never find out the meaning of my names.

The extreme heat has broken on Judaea's fanatical stones,
has fallen into the Mediterranean, has obliterated all differences.
This sound is tight air cleft asunder by a rapier –
as if the sky's vault had spread wings over you with a swish.
The white god of the aegis alone can possess her,
tear the blue apart and beget the agony of Troy.
"Non valable" – that's how you're judged, that's your weakness.
But in all your duels I'm not the one to judge you.

This is how you reminded me of the swan song of the gods:
having thrown off your mask, seated on the dais's edge,
    breathing heavily,
you hide your head – as Liguria's king by the river Eridanus
    hid his under a wing –
in the mystery of your body, under a rustling
canopy of whiteness, under a golden brocade of heavy hair.

The square root of yearning is being taken.
The mathematics of feeling is a scale of imaginaries,
devoid of meaning,
existing in the form of resonant names
that walk through time's corridors, propelled by echoes,
where atemporal desire is called love
and raised and raised again to the power of myth.

1973

Non valable (French) — not accepted — a fencing term.

ТЫ НЕ ВСТРЕТИШЬ МЕНЯ

Ты не встретишь меня, никогда не махнешь мне рукой
В апельсиновых рощах, светясь под весенним дождем;
Словно птица к воде, ты к цветам не приникнешь лицом,
Ты не встретишь меня на перроне, пропахшем тоской.
Никогда не проводишь, с подножки, спеша, не сойдешь
В те мгновенья прощаний, когда проводник отчужден
И вдали паровоз, напряженный, натруженный, ждет,
Посылая по нервам вагонов тяжелую дрожь.

Никогда не увидишь в кошмаре ночном, что бегут
За тобой по дороге, а я у обочины встал,
За тебя не вступился, тебя у врагов не отнял,
Поутру ты без тени улыбки не скажешь мне: – Брут! –
Будто я отвечаю за то, как являюсь во снах.
Никогда не простишь, никогда не накажешь меня,
Никогда не расспросишь, какая в России весна,
Никогда не узнаешь, что значат мои имена.

В исступленных камеях Иудеи потрескался зной,
В Средиземное море упал, все различия стер.
Этот звук – рассеченный рапирою воздух тугой –
Будто крылья, свистя, небосвод над тобой распростер.

Ею белому богу эгиды дано обладать –
Синеву разорвать и агонию Трои зачать.
"Non valable" – это судят тебя, это слабость твоя.
Но во всех поединках твоих я тебе не судья.

Так напомнила ты лебединую песню богов:
Сбросив маску, присев на помост и дыша тяжело,
Как Лигурии царь у реки Эридан под крыло,
Прячешь голову в тайну колен, под шуршащий покров
Белизны, под тяжелых волос золотую парчу.

Извлекается корень мечты. Математика чувств —
Это мнимые числа.
Лишенные смысла,
Они существуют в виде гулких имен,
Запущенных эхом гулять в коридорах времен,
Где вневременность страсти зовется любовь
И возводится в миф.

Non valable (фр.) — недействительно, не принимается — термин в фехтовании (примечание автора).

AT THE BUS STATION. TEL-AVIV, 1973

At the bus station, at the sunset hour
near the racks of pornographic magazines
with their painted tawdry girls,
among hippies joshing, hanging out,
among tragic-looking rabbis
in coats black as Jewish fate,
among loud-mouthed tourists and louts
shouting obscenities and toilet-talk,
there, in the midst of blasphemy and prayer,
in that melee of rush hour indifference
an old blind man was singing, softly strumming
a *kinor*, with its cobweb of little cracks.
He sang in Jeremiah's consolatory tongue,
in Abraham's, who spoke with Isaac on the road
as they ascended to the place of sacrifice;
sang in the language a great king loved
when, not far from here, he conceived and penned
The Song of Songs, and in the Temple
on Days of Destiny the high priest blessed
the multitudes standing motionless before him…
The blind man sang with anguish, indistinct,
as if he made to question God Himself.
Then lifting his blank sockets to the sky,
he would listen anxiously a long while,
and hearing, finally, a reply, he would
cry out and wildly tear at the strings.

And that was when a soldier hurried up
and, embarrassed, dropped a coin in his cup.

НА АВТОБУСНОЙ СТАНЦИИ

На автобусной станции, в час заката,
Посреди порнографических журналов,
Посреди раскрашенных красоток
И на корточках сидящих хиппи,

Посреди трагических раввинов,
В сюртуках, как рок еврейский, черных,
Посреди гогочущих туристов,
Беззаботных и самодовольных,

Посреди молитв и сквернословья,
Спешки, равнодушья, отчужденья
Пел старик слепой, бренча чуть слышно
На *киноре* с паутиной трещин.

Пел на языке он, на котором
Обличал и плакал Иеремия
И в дороге Авраам Исаку
Говорил о жертве для закланья,

На котором царь любил и Песню
Складывал и в этих же пределах,
В Храме, в Дни Судьбы, первосвященник
Весь благословлял народ застывший…

Пел слепец надрывно и невнятно,
Будто вопрошал о чем-то Бога,
И смолкал, подняв глазницы к небу,
И с тревогой долго ждал ответа…

И ответ услышав этот, хрипло
Вскрикивал и дико дергал струны…

И солдат смущенный торопливо
Подходил и опускал монету.

WHERE THE EARTH IS OPAQUE

What
nameless here
troubles the brain,
drives it on and on
under the hair roots
where the earth is opaque
pursues thought
as the night drives waves to the shore
as the wind gathers flocks of black birds?

What
strikes upward
explodes from inside like a bud,
enters
like feet into stirrups,
breaking its way through the foliage of darkness,
climbing green steps –
in the depths of earth or close to the sea,
in Pont-Aven and Arles and Auvers,
in Düsseldorf and Endenich,
in Edinburgh and London?

And now Chris Newman,
my friend the musician,
runs away
and hides in the dark,
and Sherwin,
a believer and a poet,
says
he is afraid.

1979

ГДЕ ЗЕМЛЯ ТЕМНА

Что
Неизвестное здесь
Мозг бередит,
Загоняет,
Под корнями волос,
Где земля непрозрачно темна,
Преследует мысль,
Как ночь гонит к берегу волны
И ветер сбирает черных птиц?

Что
Взрывается нутром, как почка,
Входит,
Как ноги в стремена,
Пробивая путь сквозь листву темноты,
По зеленым ступает ступеням,
В глубине ли земли
Или к берегу близко морскому,
В Понт-Авене, Арле, Овере,
В Дюссельдорфе и Энденихе,
В Эдинбурге и Лондоне?

А теперь Крис Ньюман,
Мой друг музыкант,
Убегает
И прячется в темноту
И Шервин,
Верующий человек и поэт,
Говорит,
Что боится.

A FLUTE IS FLYING

A flute is flying through Edinburgh's mist,
A light flute in the mist before sunrise;
How it torments and pursues you,
How beckons with its height above the city!

The high passing of a flute over the city;
From the sea
Patches of mist are approaching.

Tomorrow
Light and shadow on the sea,
The freshness and the depth
And the taut
Wind in the sails
And the voice drowning where
The waves part.
My will is not my own in the blue of the sea.
The wind blows,
Not like the wind of the hills;
The wind resounds
In the sea-shell of an open mouth;
The silent gulls
Open their wings
Over the water's fingers;
They rhythmically work their wings
Over the light from the waves' crest,
The scattered mines of the sun.

The rim of the wine in the bowl
Looked like the sea's horizon,
And they called it wine-dark,
But its fluent waters were blue
At Pirita,
Caesaria,
Bass Rock –
The blue sea on a sunny day

Everywhere
There's an exit to the sea,
Only exile from a language
Does not end.

                                          1979
                                    Edinburgh

***

Флейта летит в эдинбургский туман,
Легкая флейта в шотландском тумане,
Как она мучит и сводит с ума,
Как высотою над городом манит!

Высокая флейта над городом.
С моря
Надвигаются пятна тумана.

Завтра
Начинаются
Свет и тени
На море,
Свежесть и глубина,
И тугой ветер в парусах,
И голос, тонущий там,
Где расходятся волны.
У меня воля не своя в синем море.
Ветер дует,
Непохожий на ветер холмов,
Ветер звучит
В раковине раскрытого рта,
Молчаливые чайки
Раскрывают крылья
Над гибкими пальцами воды,
Ритмично работают крыльями
Над светом от гребня волны,
Золотыми россыпями солнца.

Обод вина в чаше
Походил на морской горизонт,
И его назвали винноликим,
Но его легкоречивые воды сини,
Где Пирита,
Кесария,
Басс Рок,

Синее море в солнечный день,
Всюду есть выход к морю,
Лишь изгнание из языка
Не кончается.

WARMING YOUR HANDS

Warming your hands
 Before sunrise
When the grass droops
 Under dew
Among vacant graves
Of those resurrected
Close to the house with no door
And the door to no house
Close to wet bark
To pale light of sunrise
On cold grass
 In dew
The black glint upon the wave
The voices across the sea
Where a shadow falls
On the sand
 Scattering your memory
On feather-grass steppes
 Stumbling over
Roots of words
In the hour of cold light
Under which
The underside of leaves
Tremble
When again
The wind
Troubles the branch.

My house has fallen still
My house has now fallen totally still.

1979

***

Грея руки
Перед рассветом,
Когда никнет трава
Под росой,
Меж пустых могил
Воскрешенных,
Рядом с домом без двери
И дверью от дома,
Рядом с мокрой корой,
Бледным светом рассвета
На холодной траве
В росе,
Черный блеск по волне,
Голоса через море
Там, где падает тень
На песок.

По ковыльным степям
Разметав свою память,
Спотыкаясь о корни слов,
В час холодного света,
Под которым дрожит
Вся изнанка листвы,
Когда вновь
Ветер ветвь бередит.

Мой дом затих,
Мой дом теперь совсем затих.

HOW THE GRASS BENDS DOWN

How the grass bends down
all one way,
all reproach and fear.
Here
in the half-dawn dark,
the tall grass
bends and bends
with every wind.
By the path to the sea
the grass is level
with the folds of the cold hills.

She sits with her eyes on her knees
in the green darkness,
when the hour lengthens the shadows,
her slender fingers
tremble.
The grass shivers
in the wind
beside the fast-flowing water
and the sharp cliffs.

The night-watch passes, and I sleep alone.
Dawn begins to spread over the sea,
Over the wild grasses,
Over the hills.
A sail quivers,
There must be a breeze.
Dawn reaches further. And further
Over wave and crag,
Over white surf breaking on smooth rock
Where the sea is deep.

***

Как пригнулась трава,
Вся испуг и упрек,
Здесь,
В полуутренней мгле
Высокая трава гнется
На каждом ветру
Рядом с подступом к морю,
Тревожная трава
Качается
В складках холодных холмов.

Не поднимая глаз с колен,
В зеленой темноте,
Пока время удлиняет тени,
Ее тонкие пальцы дрожат,
Как трава на ветру,
Возле вод что текут далеко,
Возле острых утесов.

Ночная стража подходит к концу я в кровати один.
Начинает рассвет расстилаться над морем,
Над дикими травами на склонах,
В час, когда белый парус дрожит
На несильном ветру.
Расстилается ранний рассвет
Над волной и утесом,
Над высокой и ровной скалой
Там, где море глубоко.

Ночная стража подходит к концу я в кровати один — ссылка на Саффо (примечание автора).

OUTSIDE MY NEW WINDOW

Here are trees outside my new window, and to the right,
a chain of lights from other houses. The nearby grass is lit
by my own light. From outside come clicks like hockey sticks –
but there's no ice-rink here – it's probably a fire.

I used to skate once, not badly, I even took a prize –
second prize for speed skating. I know all about the glowing
thrill of flying along, the ice creaking under your skates,
the curve, and the straight, and the ceaseless swishing, the singing

in your ears of a wind cut in two – so that your heart soars
from the way your own strength works through space and time.

Yes, it's a fire. I'm told a petrol station is burning close by.
I watch the dark-red smoke rising to hide the contours
of the new land – and my old one. Outside this new window I hear
the voice of my life seeming to recede ever further, approach
    ever nearer.

                      1983
                    Reading

***

За окном моим новым —
                    ночные деревья, и справа —
Цепь огней вдоль домов.
                    Освещаются ближние травы
Моим собственным светом.
                    Вдали будто клюшек удары —
Только нет здесь хоккейного поля —
                    звучанье пожара.

На коньках я неплохо
                    когда-то катался, и место
Даже занял — второе —
                    по бегу на скорость; известно
Мне волнение лета по льду,
                    под ногами скрипенье,
Поворот, и прямая,
                    и свист несмолкаемый, пенье
Рассеченного ветра в ушах —
                    чтобы дух захватило
От работы в пространстве и времени
                    собственной силы…

То горит, мне сказали,
                    поблизости бензоколонка.
Я слежу, как багровые дымы
                    восходят над склоном
Той и этой земли;
                    за окном моим новым я слышу
Голос жизни моей,
                    что все дальше как будто и ближе.

OUTSIDE YET ANOTHER WINDOW

Outside yet another window in my life story, a fir rises.
On this snowless, rainy night, I've opened the glass
and reached out to touch a branch. At this very hour,
in a faraway country, fallen into a long winter sleep,
heavy branches are bending under plumes of snow
and you, at the rink, are tense, ready to throw yourself
straight into top speed. Now, on the third or fourth thrust
you get into rhythm, cut the wind with the skin of your forehead
incandescent, all but glowing red, just as your skates
(well sharpened beforehand) cut the ice beneath them,
and, urging your body forward, crouched, keeping close to
the earth that bears you, the earth over which circling
turns out in fact to be easy, making your knees spring, opening
your mouth to breathe, working your supple hands,
with your sharp eyes fixed on the track, you strive towards the turn…

…On this winter night you are running so far away from me,
so far ahead of me you're outrunning my life.

***

За еще одним в жизни окном возвышается ель.
Ночью этой бесснежной, дождливой, окно распахнув,
Я дотронусь до ветви; за тридевять с лишним земель
В этот час, зимним сном, протяженным уснув,
Ветви гнутся под тяжестью снега, и ты на катке
Начинаешь свой стартовый бег с напряженных бросков –
Прямо в скорость – и где-то на третьем-четвертом рывке
Входишь в ритм, докрасна раскаленною кожей висков
Ледяной режешь ветер, как лед под ногами – коньки
Хорошо перед тем наточив – и подавшись вперед,
Приклонившись к несущей земле, над которой крути
На поверку нетрудны, пружиня колени и рот
Для дыханья раскрыв, начинаешь работать легко
И свободно руками и зорко за трассой следить,
К повороту стремясь… В эту зимнюю ночь далеко
Ты бежишь на коньках от меня, чтобы жизнь упредить.

1984

NOT THE SNOW

No, not snow – since morning a cold rain
has been sweeping over the land, and after turning
from the door to look through a heap of clothes
for something to cover your head – a link as it were
between something here and something
abandoned, vanished long ago in another winter
like a snowy star in an overcoat – you stumble outside
slapping on your *shapka*, and suddenly
you see that the air is a web of threads,
a homely carpet totally worn out; all flowers
look like snowdrops – it is not our choice,
the choice of words – while from the heights,
from their right, acute and obtuse angles,
on this winter morning here it's rain that's falling.

***

И не снег – с утра холодный дождь
По земле метет, и возвратись
В дом с порога, в ворохе одежд
Головной убор ты ищешь, связь
Будто бы чего-то с чем-то, что
Ты давно покинул, что зимой
Кануло однажды, как в пальто –
Снежна звезда, и пред собой,
Шапку нахлобучив, выйдя вон,
Нитяную как бы видишь ты
Воздуха основу, будто он
До конца изношен; все цветы
Кажутся подснежниками; слов
Нам не выбирать; с высот, высот,
С острых их, тупых, прямых углов
Этим зимним утром дождь идет.

25–26 марта 1984

EPPING FOREST

1.

This is neither sedge rustling nor fog patches flying,
neither celestial burnings nor gulls soaring over water,
nor trumpets resounding above Earth's crust but human eyes
tensely watching a road through the evening woods.

Nether snowfalls drifting, nor winds singing upon summits,
neither bridges rising nor trains rattling along their tracks,
but transparent leaves trembling in the sun and two in love
waiting to return to each other by night and by day.

Go, then, wander about, your hand touching tree-trunks,
stroking the twigs' frizzles, tresses, curls, locks, fringes;
having secretly bought up all the flowers under that starry skirt,
bring armfuls of, bouquets of them, at sunrise to the Temple.

2.

I tell of where pine trees sang and firs
rang like bells, where white blizzards thrived,
the sea winds grew spiteful in November,
and word-sounds warmed, not in words but alive,
deeds of the blood and heart. There I was born,
where snowy traces were weaving over the woods.

3.

I lay in that bed of desire
without closing my eyes and listened to the wind
outside the window and thought about my own
lot in this world we all have to share.
And from the walls a girl's
photographs were looking down boldly at me
as invisible saintly faces among them seemed to be
sending me signs.

The garden clamoured unbearably. Naked,
I'd get up and walk to the light. Shadows
flew along the branches, the picket fence,
now the little gate, as if begging
to come into the house. I was starting anew
to count my hours and days. The whole night through
the foliage boomed. I now covered myself with
the blanket that had warmed her awakened body
asleep, now threw it on the floor.
The pillow had kept a print of cheeks. Words
in torment were giving birth to new words. Somebody else's
hot sleep was suffocating me.
I breathed out of the window, looking
over the oaks and the pines, and with clear-sighted eyes
saw how the fall was coming in the wake of the summer.

                        August 1984
                          London

ЭППИНГСКИЙ ЛЕС

1.

Не осоки шумят и не клочья тумана летят,
Не светила горят и не чайки парят пред водой,
То не трубы трубят над земною корою, но взгляд
Напряженно следит за вечерней дорогой лесной.

Не метели метут, не ветра по вершинам поют,
Не мосты восстают, не вагоны идут полотном,
Но прозрачные листья на солнце трепещут и ждут
Возвращенья друг к другу влюбленные ночью и днем.

Так ступай же, блуждай, задевая рукою стволы,
Гладя ветки по локонам их, прядям, челкам, кудрям,
В полночь тайно скупая цветы из-под звездной полы,
Приноси на рассвете букеты охапками в храм.

2.

Там, где пели сосны и звенели
Ели, жили белые метели,
В ноябре морские ветры злели
И слова не на словах, на деле
Грели кровь и сердце. Там родился
Я, где снежный след над лесом вился.

3.

Я лежал в желанной той постели,
Не смыкая глаз, и слушал ветер
За окном — и думал об уделе
Собственном на общем этом свете.
И со стен смотрели в полумраке
Смело на меня девичьи снимки,
И, казалось, подавали знаки
Мне меж ними лица-невидимки.

Сад шумел невыносимо. Голым
Я вставал и к свету шел. Летели
Тени по ветвям, по частоколу,
По калитке – будто бы хотели
В дом войти. Я начинал сначала
Жизни счет. Всю ночь листва гудела.
Я то накрывался одеялом,
Что одно разбуженное тело
Согревало спящее, то снова
На пол сбрасывал его. Подушка
Отпечаток щек хранила. Слово
Мучилось, рождая слово. Душно
Было мне во сне чужом, горячем.
Я дышал, поверх дубов и сосен
Из окна смотря – и взглядом зрячим
Видел, как идет за летом осень.

CANADIAN LINES

   For Rachel Eaves

1.

I dreamt of a country of snows – continuation
of another country of snows – and in that dream
I relived a former agitation,
walking through that primeval whiteness.

I strode and strode; the snow creaked; now and then
I fell into the drifts; the blizzard
would begin and as suddenly subside;
I tried to find paths beneath it so as to see

my destination quickly – then, in the white
dust of the night, all at once
The Bering Straights appeared.

2.

The border's straightness, leaves of the maple,
lakes all around and the taiga in snow;
and even if these words may be beside the point,
both the local tongues do not strike you

as the languages you need for singing,
when fir trees torment you with their roar
and the severe black stones
in this Arctic blizzard appear

to be yearning for the rumblings of a voice
that will weave these snowy fibres
into an as yet unimagined winter storm – the stones
here drink an insane expenditure of breath.

3.

Moving on the sky-blue crust are shadows, shadows,
and a man in black already chiselling
steps in the crystal icy mountain before us; lifting
our gaze, we see a potter's flame
on the cap of the mountain: yes, there a kiln
blazing where the breath congeals.

4.

Valleys, mountains, the royalty of forests,
the amplitude of water; here they strenuously
haul in tunny fish over sopping decks, carry
corn to elevators, graze animals in cattle ranches,
float timber; here icebreakers shatter ice;
from the foot of the Rocky Mountains, as far as the eye's reach,
prairies spread; ships sail, by their business and according to
their destination, to small as to large ports;
the Pole is close by – surrounded the year through
by salt water turned to ice. Here oil
and gas are piped through pipes slave labour
never laid; here reams of paper are produced
(nearly half he world's news is printed on it, speaking
sometimes truth and sometimes untruth).

5.

Form's solution, writing in colour; the potter
is making ready her unglazed pot; the earth,
the stone, the fleeting speech of clay –
and I have remained alone here, facing

your vase whose quill is like a leaf,
whose shaft is like a stem; they seem to
recognise me, pure before myself
in the legacy of earth's clay and fire.

July 1985
Mongewell Park, Oxfordshire

КАНАДСКИЕ СТРОКИ

Рэйчел Ивз

1.

Страна снегов мне снилась, продолженье
Другой страны снегов, и в этом сне
Испытывал я прежнее волненье,
Идя по первозданной белизне.

Я шел и шел, и снег скрипел; в сугробы
Проваливался я порой; метель
Вдруг начиналась, и стихала; тропы
Я отыскать пытался, чтобы цель

Скорей увидеть – и вставал в пыли
Белесой ночи Берингов пролив.

2.

Границы прямота и лист кленовый,
Озера всюду, и в снегу тайга,
И даже если это и не к слову,
Но оба главных местных языка

Как бы не те, что вам нужны для пенья,
Когда изводят ели звуком вас
И черные суровые каменья
В арктической метели этот час

Как будто страждут голоса раскатов –
Таких, что вихри снежные завьют
В невиданный еще буран – здесь трату
Безумную дыханья камни пьют.

3.

По голубому насту тени, тени,
И черный человек уже ступени
В хрустальной ледяной горе пред нами
Вытесывает; взор подняв свой, пламя
Горшечника мы видим на вершине:
Там обжиг ждет нас, где дыханье стынет.

4.

Долины, горы, царственность лесов,
Обилье вод; здесь люди туну тащат,
Напрягшись, через борт; зерно везут
На элеватор и рогатый скот
Пасут на ранчо; лес сплавляют; лед
Здесь режут ледоколы; у подножья
Скалистых Гор, сколь хватит взгляда, в даль
Стремятся прерии; по назначенью
В большой и малый порт идут суда;
Здесь близок полюс – рядом с ним все воды
Обиты льдами круглый год; здесь нефть
И газ идут по трубам, что не рабским
Трудом сработаны, и много здесь
Бумаги производят: половина
Почти всей прессы мировой на ней
Лжет, правду говорит и полуправду.

5.

Решенье формы; цветопись; горшечник
Неглазированный сосуд готовит, глин
Землистость, каменистость, быстротечность –
И я один остался на один

С твоею вазой, где перо – что лист,
И рукоять – что черенок, меня
Узнавшие: я пред собою чист
В наследье глинозема и огня.

ON THE WAY

On the way that can't be refused
you will meet and pass by many
hard-driven faces, a whirling
snowy procession in the wind.

Someone will urge, "Now, breathe in deeply!"
Someone else cry, "Enough – now, sing!"
The striking of great clocks and the rumble of guns
remain below.

And so it will happen
at the verges of cliffs and clouds
that your eyes will mist over
with a tear or a drop of rain.

НА ПУТИ

На пути беспрекословном
Встретишь и утратишь лиц
Много торопливых, словно
В ветре снежных верениц.

Кто-то крикнет: "Полной грудью!"
Кто-то бросит: "Полно, пой!"
Бой курантов, гул орудий
Остаются под тобой.

И случится, что у края
Круч и облаков слеза
Или капля дождевая
Навернется на глаза.

1988

MONGEWELL, OXFORDSHIRE

That roadway started
             from the path by the front porch,
passed through a field
             of ripening ears of corn,
was covered in asphalt at the village entrance
             but became simpler,
down to earth as it circled
             the boundaries of the graves
in an old churchyard. Further on, passing by a fence,
             it debouched into meadows
where occasionally you saw horses
             standing calmly,
eying the newcomer askance, while nearby,
             out of the water rushes,
from behind a willow's weeping branches
             moorhens
threw themselves into the water.
             The road hurried you on, not
giving you time to look back,
             to under the river bridge
where a resilient echo was hiding
             up to the very moment of your
arrival there, when your foot hit
             upon a stone's shadow, always a bit
damp, sleeping lightly...
             And then past the smithy, through
the little town, up the steep hill
             that forced you to run more
carefully, afraid to fall, as one fears falling from the sky
             in a dream of flying.
A stretch of the river lay right below,
             boats at their mooring and
a tiny house by the water itself...
             But you were already running along
the path surrounded by trees, flowers and plants
             in their June languor,

bees and birds full of their own life,
                              indifferent to you. Farther still
was a big soccer field, and at its back
                              yet another bridge and a
railways station – a whistle-stop
                              for the sake of which perhaps, you
had been running so obsessively that summer evening.

МОНЖУЭЛЛ, ОКСФОРДШИР

Начинался тот путь
         от тропы у крыльца и от рощи,
Шел потом через поле
         с колосьями спелыми ржи,
Покрывался асфальтом
         у входа в деревню, но проще,
Приземленнее был,
         огибая могил рубежи
Во дворе старой церкви.
         И дальше, минуя ограду,
Выходил на луга,
         где порою ты видел коней,
Что спокойно стояли,
         косясь на пришельца, – а рядом
Из речных тростников,
         из-за ивы плакучей ветвей
Куропатки шотландские
         в воду бросались. Дорога
Торопила вперед,
         без оглядки, под мост над рекой,
Где скрывалось
         упругое эхо до самого срока
Твоего появления там,
         до удара ногой
По всегда чуть сырой,
         чутко дремлющей каменной тени…
И потом мимо кузницы,
         через село, к крутизне,
Заставлявшей бежать осторожней,
         бояться паденья,
Как боишься упасть
         из-под неба в полете во сне.
Плес был прямо внизу,
         катера на причале и домик
Возле самой воды…
         Но уже ты бежал по тропе

Меж деревьев,
   цветов и растений в июньской истоме,
Птиц и пчел,
   полных жизнью своей, безразличных к тебе.
Дальше было большое
   футбольное поле, а сзади
Был еще один мост
   и железнодорожный вокзал –
Полустанок скорее,
   которого, может быть, ради
В даль такую упорно
   ты вечером летним бежал.

         1989

WELWYN GARDENS

Once again here are fields of bright-yellow irises,
Mixed with grass, and spaces of tranquil water
Where fat carp gape as if telling you something –
Just so Welwyn Gardens greets its visitors.

Sunday. April. Everybody's picnicking. First raindrops
Sprinkle the trees, the hummock, the hands, the foreheads.
We look up – no blue anymore, not even one clear patch; already –
We've hardly had time to notice – the sky is covered with clouds.

So pastoral England, in its welcome apparel of soft light,
Unobtrusive speech, not-too-noisy rain,
Apologies for every inconvenience, rose around me –
To be thanked profoundly in a foreigner's verse.

УЭЛИНСКИЕ САДЫ

Снова рядом с дорогой поля ярко-желтого капра,
Вперемежку с травой, и пространства спокойной воды,
Где пытаются что-то сказать раздобревшие карпы –
Так встречают приезжих Уэлинские сады.

Воскресенье. Апрель. Все на отдыхе. Первые капли
Окропили деревья, пригорок, ладони, чело.
Вверх взглянули – а там уж ни сини, ни даже прогалин –
Не успели заметить, как небо заволокло.

Пасторальная Англия в облике мягкого света,
В неназойливой речи, в нешумном весеннем дожде,
Извиняясь за все неудобства, вставала, воспета
По заслугам в признательном ей чужестранном труде.

1991

WITH MY BACK TO EMPTINESS

Once, with my back to emptiness,
I stood on a bank of a river
in the first glimmer of day
and rubbed my frozen forehead.

In front of me white winter
was sealing my footprints
in moulds of watery ice;
from behind, a fog in patches

settled on my shoulders. So close
was the mystery that I was already
preparing to turn over my duties
when my senses awoke: fresher air

rose from the river; a tear
swelled on my lashes; the dream
was over, and someone was saying,
I am your unseen guardian, with you still.

>   December 2002 – January 2003
>   London

СПИНОЮ К ПУСТОТЕ

Спиною к пустоте стоял
На берегу одной реки
Однажды на рассвете я
И тер замерзшие виски.

Передо мной мои следы
Лепила белая зима
Из ряби ледяной воды,
А сзади клочьями туман

На плечи наползал. Была
Так близко тайна, что уже
Готовился я сдать дела,
Когда почувствовал: свежей

С реки повеяло, слеза
Набухла на ресницах, сон
Прошел, и кто-то вдруг сказал:
Я твой хранитель – ты спасен.

THE SUMMING UP

The heat has lifted and in its stead
has come a time of grieving rain:
Nature has summed up the summer
and prepared a banquet of farewell,
assigning the role of hostess
to this calm and tactful autumn
whose gift is to assuage the pain
of these delicate lithe-limbed
gardens and parks by setting water
to flow unceasingly in streams
covering footprints as quickly
as a blink of a mortal eye.

ИТОГ

Жара сломалась, и пришла
На смену ей пора печальных
Дождей: природа подвела
Итоги лету и прощальный

Банкет устроила, где роль
Хозяйки отвела спокойной
Тактичной осени, что боль
Садов и парков этих стройных

Сумела приглушить воды
Безостановочным потоком,
Что покрывает все следы
В мгновение земного ока.

1990
Лондон

LATE AUTUMN

The wind buffets the defeated leaves –
the few that have hung on.
It hits the grass and bounds off.
Solitude drifts by these banks.
The wanderer halts for a few moments,
then slightly bends towards the ground
so as to hear the thickening dark
and the naked snowflakes falling –
then walks on again, still further on.

You there indoors
do not look with disdain
on your warm walls,
do not impulsively
curse your hearth.

ПОЗДНЯЯ ОСЕНЬ

Ветер бьет в пораженные листья –
те считанные, что остались.
Он ударяет по траве и отскакивает.
Одиночество легло в дрейф у этих берегов.
Странник останавливается на несколько мгновений,
чуть приклоняется к земле,
чтобы расслышать утолщающуюся тьму
и обнаженные снежинки в их падении –
и снова идет, все дальше и дальше.

Вы там, внутри, не посмотрите
С пренебреженьем на обитель
Свою же и родной очаг
Не проклянёте сгоряча.

2003

FOOTNOTES FROM A LIFE

For Anne Stevenson

1.

The rye field – look –
seems to burst into flames.

The river's glint in the sun
hurts the eyes – look –

the wood's blinding sparkle
wounds every layer of thought.

2.

The green and blue time of the hills
flows leisurely on – look:
here's a builder tiling a roof, there
schoolchildren on a cross-country run are shouting
"One-two-three!" Everywhere – such ordinary effort,
openness to life; again, you alone
neither wish to nor can you tear
your ever-anxious eyes away from the birds' wings.

3.

I wanted never to lose sight of that hill
green in the distance, facing the river.
Feverishly, I hungered to absorb
every fold of autumn light. The unobtrusive
rain fell delicately in my hair;
the wind tuned my hearing, the whole height
of the sky streamed down in a changed frequency;
I believed my words were being created there.

4.

I saw in my own and no one else's time
a great tree stretched against the sun
on an uneasy horizon, luring to it
an assemblage of feathered wings: the outline

of this tree was black like an eclipse,
and down by its roots (while in its leaves
the birds over-excitedly sang of life)
the light of heaven was refracted in a stone.

5.

Tens — maybe hundreds — of bird flutes are sounding,
unseen and yet wonderfully agitated,
among branches and leaves, and one candle
is already quivering, shining up through

the long deep well of immortality where all
Time's treasures, without a bottom or a lid,
scintillate with mica-scales of luminous names,
tiny stars of souls, bright snowflakes of dreams.

6.

Mist on the windows. It's risky to multiply
words: language has betrayed us already
many times — and will betray us again
as soon as it can... But tell me, say
when will our immense fragility be
struck once more by weather high above us?
the blood-chilling wind blows hardest
on the bird preparing to sing.

7.

Here (the wind was saying in a dream)
I swallow particles of time
hurrying towards a distance
where no doorplate with a name exists,
where human doors and houses
are of little importance,
where the straight translates itself into a curve
and I find myself dressed
in robes of blinding shadow, as if in light.

8.

It's a random wind that gathers here
words from different languages; time
fills out their syllables. Those who are no more
bring their own landscapes with them,
as the whole earth is engaged
in creating disintegration.

9.

One looked – and couldn't speak;
a mighty wind rushed forth;
one saw: a bridge rose up,
a towering crest, in a dream,
over the tiled slope,
a bridge like a granite crest
where faceless rain kept falling
like slugs on threads.

10.

Everything that fastened the leaves
and glued the bark to the trees has gone;
what remains for November to carry
through the Zodiac is almost nothing:
perhaps only the sound of footfalls
and the loneliness of twigs on the paths
and the heart's estranged knocking when
we looked into the distance through our windows.

11.

The high and low rising open vowels,
the width and tightness of phonetic rows,
the tension and the languor of the sound
tussle with the inertia of your mouth.
They drive you into cities and gardens,
to the greenery and mist of shores,
they lead you through the storm of highways
and show you shadows on the snow.
They force you to listen to how
the day climbs over the dusky night,
and in spring – when life becomes enormous –
to smell and to touch the teeming humus.

12.

We crumble the earth in our fingers and breathe in
its rich fragrance. High above,
flying over these lumpish clods, a bird
begins to sing – and all at once we sense
the vulnerability and bondage of our foreheads
here in space and in time – and to the furrow
we bend so as to hear its message.

13.

Remaining one to one, just you and language,
in this lonely time of summarising things
while there's storm and darkness over the sea
and solitude is welcome like companionship
with those long gone, you passer-through,
are privileged to eavesdrop on and assimilate
the speech of water, living, dialectical.

14.

Through the chaotic ungovernable wind of autumn
you all of a sudden start running at a break-time speed,
as if trying with the soles of your feet to take over and own
that unsolved puzzle, primal Mother-Earth…
More and more breathless, racing to outpace the season
in your effort to lay hands on the bark of the tree of speech,
while beside you flow those sober, dignified, languid rivers
that want, it seems, to calm you down,
reminding you you're only a traveller, a passer through.

ПРИМЕЧАНИЯ ИЗ ЖИЗНИ (2000–2004)

Энн Стивенсон

1.

Поле с рожью – смотри –
Будто огнем горит,
Речки на солнце блеск
Режет глаза, и лес
Ранит сверканьем своим
Все мышленья слои.

2.

Время холмов зелено-голубое
Течет неторопливо. Посмотри:
Вот мастер черепицей крышу кроет,
Вот школьники на кроссе: Раз-два-три! –
Кричат. Повсюду собранность, усилье,
Открытость жизни. Только ты опять
Тревожащихся глаз от птичьих крыльев
Не хочешь – и не можешь – оторвать.

3.

Я не хотел этот холм покидать,
Дальний, зеленый, напротив реки,
Я лихорадочно жаждал впитать
Света осеннего складку. Виски

Мне окроплял неназойливый дождь;
Слух мой настраивал ветр; высота
Неба струила легчайшую дрожь:
Речь моя, верил я, строилась там.

4.

В лично мое, ничье иное время
На нестабильном горизонте я
Увидел против солнца крону, всеми
Пернатыми любимую: края

Древесные затмением чернели,
А у корней, внизу (пока в листве
О жизни возбужденно птицы пели)
Небесный преломлялся в камне свет.

5.

Десятки, сотни птичьих флейт звучат –
Невидимые – перевозбужденно
В ветвях и листьях, и одна свеча
Уже дрожит, мерцает сквозь прогонный

Бессмертия колодец – сквозь времен
Все кладези, без крышки и без дна,
Среди чешуек световых имен,
Звездочек душ, снежинок ярких сна.

6.

Туман на стеклах. Умножать опасно
Слова: язык нас предавал уже
Неоднократно – и предаст еще раз,
Как только сможет… Но скажи, скажи,
Когда по нашей хрупкости огромной
Очередной свой нанесет удар
Погода свыше? Ветер леденящий
На птицу дует, что готова петь.

7.

Вот я глотаю (ветер говорил
Во сне) частицы времени и дальше
Спешу, туда, где нету на двери
Дощечки с именем, – в ту даль, где даже
Сам дом неактуален, где
Прямая переводится изгибом
И я оказываюсь весь одет
Как будто в свет, в слепящей тени кипы.

8.

Из разных языков сюда ведет
Слова случайный ветер; наполняют
Их слоги время. Те, которых нет,
Свой собственный ландшафт с собой приносят,
Покуда с головою вся земля
Уходит в созиданье разложенья.

9.

Взглянул – язык отнялся,
Дохнуло духом крепким,
Увидел: мост поднялся
Во сне высоким гребнем.

Над скатом черепичным
Мост гребнем встал гранитным,
Где лился дождь безличный,
Как слизняки на нитках.

10.

Все, что скрепляло листья, все,
Что клеило кору, распалось,
И нам, кого ноябрь несет
Сквозь зодиак, осталась малость:

Быть может, лишь на тропах звук
Шагов, и веток одинокость,
И сердца отрешенный стук,
Когда мы смотрим вдаль из окон.

11.

Гласные высокого подъема,
Ряда широта и теснота,
Звука напряженность и истома
Теребят полудремоту рта.

Гонят в города и вертограды,
В зелень и туман на берегу
Пережить грозу над автострадой
И увидеть тени на снегу.

Как восходит день по ночи темной,
Заставляют слушать и весной –
Жизнь когда становится огромной –
Обонять и трогать перегной.

12.

Мы землю в пальцах крошим и вдыхаем
Ее прекрасный запах. Высоко
Над этими комками пролетая,
Петь начинает птица – и висков
Своих незащищенность и предельность
В пространстве и во времени мы здесь
Внезапно чувствуем – и к борозде
Склоняемся, чтобы услышать весть.

13.

Наедине оставшись с языком
Во время подведения итогов,
Когда на море шторм и темнота
И одиночество желанно, как общенье
С ушедшими, ты, проходящий, речь
Подслушаешь случайно и усвоишь
Живой диалектической воды.

14.

Сквозь несобранный, неопрятный осенний ветер
Ты вдруг начинаешь бежать во всю пору,
Словно пытаясь касанием ног захватить и присвоить –
Или вновь овладеть нерешенной загадкой, сырою-землею.

Задыхаясь, спеша, торопясь обогнать время,
Чтобы успеть погладить кору на дереве речи,
Вдоль степенных, достойных, медлительных рек, что как будто желают
Успокоить, напомнив, что ты – путешественник, странник.

INDEFINITE EARTH (2002–2012)

1.

The flowers are screaming. Speech means nothing.
Who knows what we see before us
on the crest of that very last sand dune
when we've already passed through the marram grass
longwise and crosswise. We're being swallowed
by a great whiteness where the sand spreads
and snow cradles the acacias' blossoming pollen.

2.

Gliding along and flying above
a shadowed indefinite earth
in a soundless thunderous way
like a train, in everyone's view,
making manifest everywhere its headlong tempo,
the process of time, indefinable, that is
known to butterflies and migrant birds, more
and more depicts on your face
your parents' features.

3.

The tree has taken wing: dozens of birds
have torn themselves off the branches,
rising and speckling the enormous air
like tiny black notes on a music staff,
so it seems to us the height itself is singing…
Here we live and here too we die,
we are provided for by earth and sky.

4.

Our dead are so light,
weightless, even. Beyond the green
flapping of the leaves, past the arboreal
pride and pain, on lovely
flawless wings they are flying
away into a shroud of clouds, withdrawing
from us ever more irrevocably.

5.

I was climbing a grassy hill
when my *shapka* fell to the ground
and I realised it would be hard
to find my way back to the railway station.

I stood in that waking dream
watching the evening calm – and
there were my parents, dry-eyed,
waving to me their farewells.

6.

Both solid and springy on the snow,
the footfalls of the funeral procession
with every fresh step oppress you
in a smaller, more estranged way; as flags
torment less and less the creature that's got away. It's easy
for you, from on high, to make out in the distance,
over the railway station, the church and the river,
the syllables of an emphatic earth.

7.

In the developing bath
their features are emerging;
fix them with the fixative –
and yes, already
you can confidently
switch on the light
and throw the years
into clear water.
It's late
and the house
is standing stock-still.
Your parents are asleep.
Let's rest a while;
it's better that way.
Let's turn off the light
and turn on the timer.

8.

Oh this broadening
and narrowing of time,
as if a frog were breathing
deeply under your living skull,
while your soul
is being roughed up
in a quarrel
between secret doors
and wide open windows
in the one-off, one-time region
of coldly glittering days
and nights, sleepless
with fevered thoughts and images,
their centres luminous,
drifting like fireflies,
down
the wind's
current –

But wait!
They're already rising,
now together, now separately,
those figures, familiar from childhood,
already rising from common ground –
so lofty, stately, lightly
in that country of clouds.

9.

Settled down on the other side
of the weather and its programmes,
in the very highest spheres
of the sky, surely they kiss us,
unnoticed, on our foreheads, eyes and cheeks
by way of snowfall, wind and rain –
perhaps by a small ray of spring – warm, light –
or by leaves touching our faces.

10.

With their light footfall
they have already measured
life's space-span beneath them
and sprung into the sky, these days
of a few years with their times;
soaring over them, you can see
the beauty of trees and fields
following us in hosts.

НЕОПРЕДЕЛЕННАЯ ЗЕМЛЯ

1.

Кричат цветы. Речь ничего не значит.
Кто знает, что мы видим пред собой
На гребне той, последней самой, дюны,
Когда уже прошли свою траву
И вдоль, и поперек. Нас поглощает
Большая белизна, где стелется песок
И колыбелит снег пыльцу акаций.

2.

По тенистой скользя, по теневой
Летя земле бесшумно-громогласно,
Как поезд, на виду у всех и свой
Наглядный темп стремительный неясным
Здесь представляя, временной процесс,
Что мотылькам и перелетным птицам
Знаком, все больше на твоем лице
Родителей изображает лица.

3.

Взлетело дерево — десятки птиц
Оторвались вверх от ветвей и воздух
Весь испещрили, будто ноты — стан,
И показалось: синева запела…

Здесь мы живем и умираем здесь,
Мы обеспечены землей и небом.

4.

Наши мертвые совсем-совсем легки,
Невесомы даже. За зеленым
Ополаскиваньем листьев, за древесной
Гордостью и болью, на прекрасных
Безупречных крыльях улетают
В саван облаков они, от нас
Отдаляясь все непоправимей.

5.

Я на холм травянистый взошел,
И тогда шапка наземь упала,
И я понял, что будет тяжел
Путь обратно к равнине вокзала.

Я стоял в этом явственном сне
И следил за вечерним покоем —
И бесслезно родители мне
На прощанье махали рукою.

6.

Жестки и упруги на снегу
Траурного шествия шаги
С каждым взмахом новым вас гнетут
Меньше, отстраненней, как флажки —
Зверя, что ушел от них. Легко
С высоты вам различать вдали
Над вокзалом, храмом и рекой
Слоги эмфатической земли.

7.

В ванночке с проявителем
появляются черты,
их в фиксаторе закрепить,
и вот уже ты
можешь без страха включить
свет и бросить годы
в чистую воду.
Поздний час, дом
замер,
спят родители,
отдохнем,
так лучше,
свет потушим,
включим таймер.

8.

Расширения и сужения времени,
словно дышит лягушка
глубоко под теменем –
меж тем бередит душу
спор скрытных дверей
с настежь распахнутыми окнами
в одноразовом краю холодно блестящих дней
и бессонных ночей с потоками
жарких мыслей и образов
со светящимся центром,
движущихся, как светляки, вниз по течению ветра –
но чу! уже поднимаются, вместе и порознь,
эти стати, знакомые с детства,
со своего места
высоко,
величаво-легко,
в стране облаков.

9.

По другую сторону погоды
И ее программы находясь,
Из-за самых-самых небосвода
Верхних сфер они целуют нас

Незаметно в лоб, глаза и щеки
Снегопадом, ветром и дождем,
Лучиком весенним – теплым, легким –
И лица коснувшимся листом.

10.

Своею легкою стопою
Уже размерили они
Пространство жизни под собою
И в небо взмыли, эти дни
Немногих лет с их временами;
Паря над ними, зрите вы,
Как сонмами идет за нами
Краса деревьев полевых.

III

TRANSLATING INTO LIFE AND DEATH

Translating into life and death
while overhearing outside our windows
the uncontrollable laughter of young girls,
we feel a cruel lump rising

in our throats because from birth
we've been oppressed and sickened
by the calendar. Perhaps we'll not be able
to deliver the translation in time

for a decisive spring. Words struggle
with words to render our versions of how
the sky-pure azure of this passion
intoxicates us in our chosen cities.

ПЕРЕВОДЯ НА ЖИЗНЬ И СМЕРТЬ

Переводя на жизнь и смерть,
Мы слышим за своим окном
Безудержный девичий смех
И чувствуем, как к горлу ком

Подкатывает – оттого,
Что мы с рождения больны
Календарем и перевод
В срок до решающей весны,

Быть может, не сдадим. Слова
Ведут борьбу, чтоб передать,
Как этой страсти синева
Нас опьяняет в городах.

2014

THE CRADLE

1.

Do you remember the mushroom-berry forest?
The sharp November sea-wind?
Do you at times sense with joyous
Anguish the chill of the Baltic sky?

Can you hear the trill of a bird
In May time? There, behind your back,
The place is marked down in your mind, 'cradle' –
A piece of space, a small fragment of earth.

2.

There's music in this. See: one window
Seems as always to be opening into
Fragrant summer air for you.
You raise a surprised eyebrow.

Words show green, translated
Into Time, and the harmonious speech
Of the milestones resurrects
The tears, the laughter.

3.

These thoroughfares, these gardens,
These rivers, meadows and fields,
The winter forest with its white fell of hair,
This sky and this earth.

КОЛЫБЕЛЬ

1.

Помнишь ли грибно-ягодный лес,
Резкий ветер ноябрьский морской,
Холодок прибалтийских небес
Иногда ощущаешь с тоской,

Полной радости? Майскую трель
Птицы слышишь ли? Там, за спиной
Место числится, как колыбель —
Часть пространства, кусочек земной.

2.

В этом музыка. Видишь: одно
Будто бы открывается вновь
В летний сладостный воздух окно,
Чтобы ты удивленную бровь

Поднимал. Зеленеют слова
В переводе на время, и вех
Гармоническая молва
Воскрешает и слезы, и смех.

3.

Эти улицы, эти сады,
Эти реки, луга и поля,
Зимний лес в его космах седых,
Это небо и эта земля.

2014

BEYOND THE BOUNDARIES

I

1.

Here space and time in the dust
of wayside weeds move backwards,
scorching us from birth,
blowing cold, changing our names.
The phoenix with her wing will set
the cradle moving and we will
from scratch discern a common purpose
beyond the boundaries of light and shadow.

2.

Here are the nouns. Let's set them up
in time: space, shadow and light,
caesura, ashes and dust. Let's lay as underpinning
all that is seen and heard – traces
of breath on the window glass. As axioms
let's take snow on the lips, curves of the creating
mouth. For here we have departed from home
not to come back. The vacuum is what remains.

3.

Between November and December
a time which seems never to have been;
it was just cheap third-grade rum,
a quintet, a quartet, a trio in the temples.
The mirror's face is imperturbable,
it shows neither kith nor kin,
nor that dramatic nature of space
which tears time apart.

4.

The snow was knocking at me. An owl flew up.
It was hard for me, on waking, to determine
who I was, in whose territory I lived
and in what country of sleep
or conscious life... The faces of those who've crossed over
and the outlines of our mutual years
keep changing all the time, like the borders
of rain streaming on morning window-glass.

5.

We're on a road winding up among fields and trees,
passing through cities and gardens; with every step
speech renders us silent; age returns us to our youth;
slowing our pace, we walk ever faster along the shadows.
The more features are forgotten, the more detailed they seem.
On our shivery way we give them a life of syllables
in language that lifts their eyebrows – these skaters
at our side, who've returned to the rink.

6.

A rupture of perspective here, a loss
of space, a displacement of time. The rain
said: "Too bad; it doesn't matter. All changes
are earned by solitude." The blizzard
said: "You've got to live on your lips
where language is living, and working, and playing."

7.

While we envisaged the grass,
all hoarfrost, brittle, crackling under foot;
while we lived by images, life
shouldered the earth from under, broke through
in a mega stalk, opened windows,

slept swift-like on streams of air,
waited, wakeful, for us behind the demolished wall.

8.

The wall broke into fragments; beyond it
the horizon opened like a sacrament,
and the wind, ever more detached and powerful,
dispersed many years of half-dream.
Now our gaze embracing distance leads
to where the human watch never for an instant sleeps,
where the city incessantly waits
and freedom is once more a stone's throw away.

9.

Everything's moving farther away
in the parade of cold and warm seasons
as the barometer, Fahrenheit and Centigrade,
advance into the foreground.
Yet through the currents of the weather
a glance will occasionally pierce,
revealing our cities, our years,
our landscapes, the earth itself surveying us.
And so our lives, our various faces,
our airy freedoms and our songs begin to
resemble more and more faithfully
the time and unlimited space of birds.

10.

You can ask endless questions of an urban leaf
which has fallen on the heap of dug-up earth –
soundlessly or with a rustle – its hour
preordained; the estranged bay
leans on the picket fence and throws
the wave's pitiless sighs to the winds.
Estonian fishnets are there,
skeletons on the seabed, faithful to Russia.

Places hint always at other places
as space and time keep watching us,
testing our speech, emerging in our languages,
walking through life awake and in dreams.

11.

Here are no regrets, only places and faces,
others' and your own, like traffic signs
strung along the highway, like a train
of blizzards and low drifting snow. The air
will appropriate all speech. Breathe, then,
words into the speaking wind. Aether, earth, road-tar,
light, an horizon ever running further off,
language, with space for four cardinal points.

12.

Among the loud and quiet tones
of autumn colours, dialogue everywhere:
grass and wind, leaves and moon,
daybreak and river begin their controversy.
The roadside talks to the fields
at sunset, attempting to prove
something; we see and hear the dawn's
argument, convincing the eyes
of chestnuts; the glint of shingles and meadows,
boles of trees, litter on the road:
discussions all around, debates, knocking
at memory's door.
        "Who's there?"
                "One that was once your own."

13.

The river which is not on the map
beats down its banks. The language we use
to commune with our selves is unknowable.
The way they again emerge from a background –

vaguely, subtly, like horses encountered
in a meadow thick with mist – allures and envelops us.
Years more and more turn into places –
old threads on a spindle unwinding,
stiffening in the wind.

14.

While it's possible to attach
faces to time and place
like photographs to passports,
no regrets should be part of this.
All words will do.
The tempo of the music
has been chosen judiciously.
The hills that opened their thighs to you
are transformed into
the love and passion and lust of language.

II

1.

A day, a horizon, dusk coming on. The hand-like
shadow of an oak on the asphalt. Childhood's
light from a street-lamp. Above the lovers,
dawn and a hawk's flight. Innocence,
death of the vole. Then let's lie down
on the ground and put our ears
to the topsoil itself where they live –
the maggots, the worms, roots gathering strength…
Love, and life, and passion, and the moistness
of grass after rain; land's space, and time's
taking part in the earth, flesh, with its every
cell, crying out for the day to last.

2.

After roaming over boundless space
(hasn't the cold reflected light
tutored persistence, hasn't it
given advice to the wanderer?) —
after seeing many lands, hearing
here and there outlandish tongues
urging me, closer and ever closer,
to lie on a couch, sink into a grave,
I, Odysseus, have fallen silent. My last
message is in the language of a sea wave
charging the shore; then foam, then the
spreading quiet made pregnant by myth.

3.

Let us hear again the speechless
vocals of a wave; let's feel
the jolts of a life, whose strength lies
beyond the jurisdiction of reproach.
And if time again should seize
your throat and twist it,
urge your blood to rise and rebel:
the way into memory is through the wilting of passion.

4.

And you, my father, who have crossed
to hostile space that is
colourless and voiceless, you
appear before me on the green
horizon of childhood
with all its familiar sounds and smells,
to take up your place,
your point on the map,
that tiny dot, still luminous with music.

5.

Here, which we know is space, here
in this idiosyncratic musical place,
we who have left fledgling jackdaws in a hollow oak
in our haste to get to the city, have watched
a breeze, in the early morning, lift a dress,
making it flap, flutter and play,
as it clings to contours, embraces a body,
then leaves it for a time, slipping away.
Lulled to sleep by the melodies of the flesh,
we slumber and wait.
Our dreams, full of unsolved ambivalence,
endow space and time with anxiety,
and still we keep arriving, waiting
for the sign of a question
which does not and will not find an answer.

6.

Young days beneath a sky
like a vast movie house:
snow meeting snow
and vanishing within itself.
Cities on that big screen
walked on, walked away,
and early, on spring mornings,
trains kept rushing by.
Blue and green, night and day;
chiaroscuro under an oar,
a summer river, and love waking
on the boundary of uncharted words.

7.

Here's a word to replace name, here's
time, spaciousness. Regret's the face
that seemed to hurl by on the platform
outside the glass window one night when

your express train rushed by a tiny station.
Your language feels ever more your own and intimate;
it turns location into speech
and tempts the arrhythmic horizon into song.

8.

In the hinterland behind your eyes
lies the very first soft,
lacy, loose-worked, new-fallen snow,
calling to itself,
inwardly trying out sounds,
talking already of the speech
at the back of your mind.

III

1.

Between two unnamed bridges a musical thought
gives birth to excitement and ecstasy; in seafaring ships,
it embraces space, researches straits, circumnavigates
headlands, drinks in the friendship of city ports.
The wind blows on your fingers to cool them, and the pattern
of many paths is endless; day and night the ships carry
cargoes of consonants and vowels in a clamour of words
without which the ocean and the land would be as nothing.

2.

A sidewalk, a street, yellow leaves in your hand,
the gardens, proud in their solemn mourning: – what else do
    you need?
You would walk through the city, light-handed, unencumbered,
nothing sad on your mind, on and on, past the school,
the railway station, the park.
In the sky's cold, clear indifferent triumph
you will read all you want to, intermittently hearing

the voice of a beautifully homely songbird, a refrain
launched from branches stripped almost naked.
Let us too, then, proffer our gift, throw to an untroubled sky
these sounds and syllables, which have been living in us like
indrawn oxygen, let's give them
to a blue judgement that will take away everything –
laughter and tears, space and years.

3.

They didn't recognise themselves when they started to dance,
didn't notice when they burst into tears;
came a tad too late for the decorations,
having spent their time singing and babbling.
'Off you go!' cried the birds from the sea to me,
'and take with you what your mouth's too full of!
Off you go, and aim for the sunrise;
travel so-many days, then begin in another place,
from the shadow of a tree on a wall
when the edges of space are getting dark.'

4.

Leaning against the trees outside the window,
cows are mooing. The meadow is in mist. Life
won't suffice. Somewhere very far away
someone is playing a grand piano in a low register.
Change everything before your face
has become the face of a total stranger,
metamorphosed into a carnival mask.

5.

Now I'm closing my eyes,
the unnameable stands before me.
A mouth full of too many words,
it says,
will be filled with
rain, snow, wind.

Cross the bridge, it says, find the ford.
Leave, it says,
your personal space,
move birth aside,
resurrect the body,
go away beyond the boundaries.

6.

They turned off the lights in the rooms,
eased off their sandals and took them in their hands;
they walked out of the house,
blindfolded their eyes,
and flew on.

I, too – look – have already set off.

2014–15

ЗА ПРЕДЕЛАМИ

I

1\.

Здесь пространство и время в пыли
Подорожника движутся вспять,
Чтобы заново нас опалить,
Остудить, по-иному назвать.
Птица-Феникс крылом колыбель
Поколеблет, и заново мы
Различим нашу общую цель
За пределами света и тьмы.

2\.

Здесь подлежащие, их установим
Во времени: пространство, тень и свет,
Цезура, прах — положим за основу
Все зримое и слышимое, след
Дыханья на стекле, как аксиому
Возьмем снег на губах, изгибы рта
Творящего. Вот мы ушли из дому
И не пришли. Осталась пустота.

3\.

Меж ноябрем и декабрем
Как будто не бывший период,
Дешевый третьесортный ром,
В висках квинтет, квартет и трио.

Лик зеркала невозмутим,
В нем не видны ни род, ни племя,
Ни тот пространства драматизм,
Который раздирает время.

4.

В меня стучался снег. Сова взлетела.
При пробужденье трудно было мне
Определить свой статус: в чьих пределах
Я существую и в какой стране
Сна или яви… Перешедших лица
И очертанья наших общих лет
Меняются все время, как границы
Струй дождевых на утреннем стекле.

5.

Есть дорога, идущая вверх, меж полей и деревьев,
Проходящая сквозь города и сады; с каждым шагом по ней
Мы все больше и лучше молчим, говоря, молодеем, старея,
Замедляем шаги, все быстрее идя вдоль теней.

Чем полнее забыты черты, тем точней и подробней
Мы на нашем знобящем пути оживляем их, в слог
Обращаем их речи, в язык, поднимающий брови
Тех, кто рядом скользит, кто вернулся уже на каток.

6.

Разрыв перспективы здесь, потеря
Пространства и времен смещенье. Дождь
Промолвил: «Ничего. Все перемены
Даются одиночеством». Метель
Сказала: «Надо жить, пока в устах
Язык живет, работает, играет».

7.

Пока мы представляли, как трава,
Вся в изморози, ломко под ногами
Звучит, пока мы жили образами, жизнь
Толкала землю снизу, пробивалась

Могучим стеблем, раскрывала окна,
Спала на струях воздуха, как стриж,
Ждала нас чутко за стеной снесенной.

8.

Стена разбилась на куски, за ней,
Как таинство, открылся горизонт,
И ветер, все бесстрастней и сильней,
Развеял многолетний полусон.

Наш взгляд, вобравший дали, поведет
Туда, где не смыкает глаз людской
Дозор, где город неумолчно ждет
И до свободы вновь подать рукой.

9.

Все отдаляется в процессии
Сезонов холода, тепла,
Барометр, Фаренгейт и Цельсий
Выходят на передний план.

Но сквозь движение погоды
Нет-нет да и проглянет взгляд,
Которым города и годы –
И веси, и сама земля –

Нас изучают. И все больше
Жизнь наша, выраженье лиц,
Раскованность и песнь похожи
На время и пространство птиц.

10.

Расспрашивай лист городской сколько хочешь,
Упавший на груду разрытой земли –
Беззвучно иль с шорохом – в этот урочный
Ноябрьский свой час; отстраненный залив

Вплотную к забору прилег и на ветер
Бросает звучанье суровой волны.
Эстонские там рыболовные сети,
Скелеты на дне, что России верны.

Места на другие места намекают,
Пространство и время за нами следят,
Тестируют речь, в языках возникают,
Сквозь жизнь наяву и во сне проходя.

11.

Нет сожалений, лишь места и лица,
Чужие и свои, как на шоссе –
Дорожных знаков ряд, как вереницы
Метелиц и поземок. Речи все

Себе присвоит воздух. Выдыхай же
Слова на ветер. Высь, земля, гудрон,
Свет, горизонт, что отбегает дальше,
Язык, пространство четырех сторон.

12.

Кричащие и тихие тона
Осенних красок, всюду разговор:
Трава и ветер, листья и луна,
Рассвет и речка затевают спор.

Обочина дороги говорит
С полями на закате, доказать
Пытаясь что-то, аргумент зари,
Каштанов убеждающий глаза,

Виден и слышим, гальки блеск и луг,
Стволы деревьев, сор на мостовой –
Дискуссии кругом, дебаты, стук

В воспоминанья.
                «Кто там?»
                          «Бывший свой».

13.

Река, которой нет на карте, рушит
Все берега. Язык, которым мы
Общаемся с собой, непознаваем.
То, как они на заднем плане вновь
Неявно возникают, будто кони,
Когда идешь по лугу сквозь туман,
Нас соблазняет, поглощает. Годы
Все больше превращаются в места,
И старые размотанные нити
Крепчают, суровеют на ветру.

14.

Покуда есть возможность приложить
Ко времени и месту наши лица,
Как фото к документу, не должно
Быть сожалений. Все слова уместны.
Темп музыки взят правильно. Холмы,
Расставившие ноги, обратились
В любовь, и страсть, и похоть языка.

                II

1.

День, горизонт, смеркается. Рука-
Тень дуба на асфальте. Детский свет
Фонарный. Над влюбленными – заря
И ястреба полет. Невинность, смерть
Полевки. Ляжем же на дерн и ухо
Приложим к почве, где они живут –
Личинки, черви, крепнущие корни…

Любовь, и жизнь, и страсть, и мокрота
Травы после дождя. Ландшафт и время.
Пространство временное, поезд, часть
Земли и музыки — и каждой клеткой
Взывает плоть о продолженье дня.

2.

Покрыв великое пространство
(Холодный отраженный свет
Не научил ли постоянству,
Не дал ли страннику совет?),

Увидев много мест, услышав
И тут, и там чужую речь —
И зов, все подходящий ближе,
На ложе и в могилу лечь,

Я, Одиссей, умолк. Мое посланье
Последнее — язык морской волны
На берегу и пена, расстиланье
Беременной от мифа тишины.

3.

Услышим заново волны
Молчание и речь, и жизни
Толчки почуем — тем сильны,
Что неподсудны укоризне.

И если время сдавит вновь
Гортань своею цепкой властью,
Взбунтуемся, взволнуем кровь:
Путь в память — усыханье страсти.

4.

И ты, мой отец, перешедший
во враждебное пространство, что
бесцветно и безголосо, ты
возникаешь передо мной
на зеленом горизонте детства,
полного звуков и запахов,
чтоб занять свое место,
свою точку на карте,
до сих пор светящуюся музыкой.

5.

Здесь, что тоже пространство,
в этом своеобразно музыкальном месте,
мы, ушедшие от галчат в дупле дуба,
чтобы вернуться в город, увидели,
как ранним утром ветер подхватывает платье,
заставляет его биться, трепетать и играть,
меняя очертанья,
обнимать тело и покидать его,
уходить на какое-то время…
Убаюканные мелодичностью плоти,
мы теперь спим и ждем.
Наши сны с их изначальной двусмысленностью
наделяют пространство и время тревогой,
и мы все прибываем
к явлению вопросительного знака,
на который нет и не будет ответа.

6.

Наша юность под небом,
Как большой кинозал;
Снег встречался со снегом
И в себе исчезал.

Будто бы на экране
Шли и шли города
И весеннею ранью
Всё неслись поезда.

День и ночь, синь и зелень,
Светотень и весло,
И любовь на пределе
Неизведанных слов.

7.

Вот слово, заменяющее имя,
година и простор, и сожаленье —
лицо, что показалось на платформе
за стеклами, когда экспресс пронесся
однажды ночью мимо полустанка.
Язык родней, интимней, обращает
он местонахожденье в речь — и к песне
склоняет неритмичный горизонт.

8.

На заднем плане зренья — самый первый
ажурно-контурный мягчайший снег,
себя зовущий,
пробующий звуки,
о речи говорящий
про себя.

III

1.

Между двух безымянных мостов музыкальная мысль
Порождает восторг и экстаз и морскими судами
Обнимает пространство, проливы исследует, мыс
Огибает, за дружбу с портовыми пьет городами.

Ветер дует на пальцы, чтоб их остудить, и земли
Путеносный простор неизбывен; согласных и гласных
Груз, звучание слов днем и ночью везут корабли,
Без которого были бы море и суша напрасны.

2.

Тротуар, мостовая и желтые листья в руке,
Сада гордый торжественный траур – чего еще надо?
Так идти б и идти по путям городским налегке,
Ни о чем не грустя, мимо школы, вокзала и сада.

В равнодушном холодном прозрачном триумфе небес
Ты прочтешь все, что хочешь прочесть, и прерывистый голос
Птицы певчей прекрасно-невзрачной услышишь, припев,
Посылаемый ею с ветвей, почти полностью голых.

Так подарим и мы, бросим в невозмутимую высь
Эти звуки и слоги, что жили в нас, как кислорода
Постоянный приток, отдадим их на суд синевы,
Забирающей все – смех и слезы, пространство и годы.

3.

Не узнали себя, когда заплясали,
не узнали, когда заплакали,
и к наградам-то припоздали,
пели все да балакали.

«Поезжай-ка ты, – прокричали мне
птицы с моря, – вместе
с тем, чего у тебя полон рот,
да на солнца на восход,
едь столько-то дней
и начни в другом месте,
с тени дерева на стене,
когда края пространства темнеют.»

4.

К деревьям прислонившись за окном,
мычат коровы. Луг в тумане. Жизни
не хватит. Где-то очень далеко,
играет кто-то на рояле в нижнем

регистре...
            Все меняй, пока не стало
лицо свое лицом совсем чужим,
не превратилось в маску карнавала.

5.

Вот я закрываю глаза,
и безымянное стоит предо мной.
«Многословный рот, —
говорит оно, —
за-
полнится
ветром, дождем, снегом.
Пересеки мост, отыщи брод.»
«Оставь, — говорит оно, —
местонахождение,
постоянство ночлега,
передвинь рождение,
воскреси тело,
уйди за пределы.»

6.

Они выключили свет в комнатах,
сняли сандалии, взяли их в руки
и покинули дом;
они завязали глаза
и полетели дальше.

Да и я ведь уже тоже вышел.